FRENCH DICTIONARY

Written by

Evelyn Goldsmith & Amanda Earl

Illustrated by Lyn Mitchell

Translated by Adriana Capadose

Produced by Times Four Publishing Ltd

HARRAP

Contents   Table des matières

Section 1   Thematic dictionary
1ère partie   Dictionnaire thématique

Section 2   Alphabetical dictionary
2ème partie   Dictionnaire alphabétique

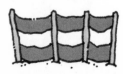

This book was conceived, written, edited and designed by Times Four Publishing Ltd.
Art and editorial direction: Tony Potter
Editors: Amanda Earl and Penny Horton
First published in this edition in Great Britain in 1990 by HARRAP BOOKS Ltd, Chelsea House, 26 Market Square, Bromley BR1 1NA
Reprinted: 1991

ISBN 0 245-60066-3 (French)
Typeset by JB Type, Hove, E. Sussex.
Colour separation by RCS Graphics Ltd
Printed in France by Clerc S.A.

About this book

This illustrated dictionary is for all those starting to learn French. It is divided into two parts. In the first part, thirty amusing scenes present the French words in context. Small margin illustrations, clearly labelled in French, pick out objects and activities found in the main picture. Matching up the margin illustrations to the main picture makes the context quite clear and helps the learning process.

The second part of the book is a two-way alphabetical dictionary. The English-French section is followed by French-English, so that translations can be found starting from either language. All the entries are illustrated, so that the meanings are quite clear.

Many of the French words in this book have **le**, **la**, **l'** or **les** (meaning 'the') in front of them. It is important to learn the **le**, **la**, or **les** with each word. **Le** means that a word is masculine, **la** means that it is feminine. When **le** or **la** come before a word beginning with a vowel (a, e, i, o, u) or before many words beginning with h, then the **le** or **la** becomes **l'**. When the word is in the plural (that is, when there is more than one of them, such as houses, sweets), then the **le**, **la** or **l'** changes to **les**.

le nez

la bouche

la lèvre

la langue

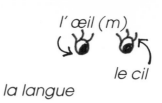
l' œil (m)

le cil

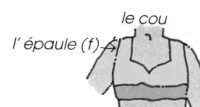
le cou

l' épaule (f)

Le corps

le coude

le bras

le doigt

l' ongle (m)

la main

le poignet

le pouce

la paume

la paupière

la plante

le genou

la hanche

la taille

le nombril

le pied

le talon

le sourcil

les dents (f)

la poitrine

le corps

les cheveux (m)

le visage

l' oreille (f)

la mâchoire   la joue

la cuisse

la jambe

le dos

la cheville

le menton

le mollet

l' orteil (m)

la tête

la moustache

la barbe

5

le col

la chemise

la sandale

la poche

la pantoufle

le t-shirt

le sweatshirt

Les vêtements

l' anorak (m)

la manchette

le protège-oreilles

le capuchon

le lacet

le tennis

la salopette les bretelles (f)

la manche
le tricot de corps

la chaussure

la moufle

le slip

le gant

6

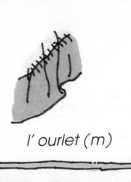
l' ourlet (m)

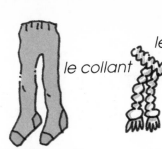
le collant

le cordon
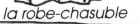

la robe-chasuble

le ruban

l' interrupteur (m)

la boutonnière
le bouton

le gilet

la fermeture éclair

le blue-jean

l' écharpe (f)

la chaussette

la culotte

la chaussure de toile

la jupe

la boucle

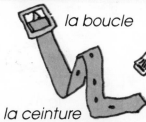
la ceinture

le pull

la robe

la fenêtre

l' échelle (f)   les lits (m) superposés

la batte
de base-ball

le cartable

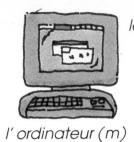
l' ordinateur (m)

le Thermos

Dans la chambre

l' oreiller
(m)

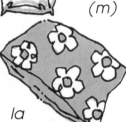
la
couette

la pantoufle

le justaucorps

la robe
de chambre

le
pyjama

le cerf-volant

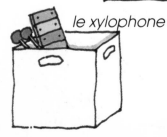
le xylophone

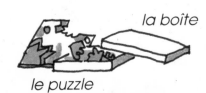
le puzzle

la boîte

le papier

le château

la coiffeuse

le miroir

le cintre

l' etagere (f)

le tambour

l' armoire (f)

le dessin

la bibliothèque

le drap

la commode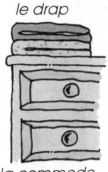

les vêtements (m)
de poupée

le train électrique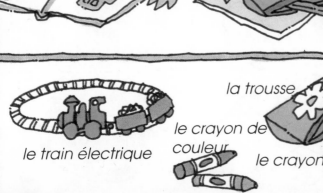

la trousse

le crayon de
couleur

l' album (m) à colorier

le crayon

la maison de poupée

le savon

le porte-savon

la baignoire

le rideau
de douche

la douche

Dans la salle de bain

le bonnet
de douche

le paillasson

la poignée
de porte

le shampooing

le porte-serviettes

le panier à linge

le pèse-personne

le carreau

l' éponge (f)

10

le siège des cabinets

le papier hygiénique

le ventilateur

l' ouate (f)

l' armoire (f) de salle de bain

le dentifrice

la brosse à dents

la gobelet

le robinet

le miroir

le gant de toilette

la brosse à ongles

le lavabo

les cabinets (m)

la serviette de bain

le tabouret

11

le tabouret

la tasse

le congélateur

le frigo

la machine à laver

Dans la cuisine

la bonde

l' assiette (f)

la cuisinière

la cuillère

la lumière

12   *le café*

la table

le bol

le carreau

l' évier (m)

le robinet

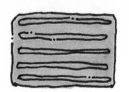
l' égouttoir (m)

le grille-pain

le four

la pendule

la poêle

le pichet

le placard

la table de travail

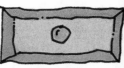
le tiroir

le store

la fenêtre

la porte

la boîte à biscuits

13

la tringle a rideau

le rebord de fenêtre

la peinture

l' antenne (f)

le magazine

le rideau

la photographie

la
bougie

le bougeoir

la guitare

la carpette

magazine de
andes dessinées

la cheminée

le dessus de
cheminee

Dans la salle de séjour

le feu

le garde-feu

le fauteuil

le magnétoscope

la télévision

la radio

le radiateur

le téléphone

la table basse

le vase

le haut-parleur

le tourne-disque

le magnétophone

la chaîne

la télécommande

l' abat-jour
(m)

la lampe

le canapé

le tapis

le journal

le fauteuil
à
bascule

15

le barreau

l' os (m)

la litière

le bec

la perruche

la sciure

Les animaux familiers

la maison
de hamster

le hamster

les
algues (f)

le treillis
métallique

la queue

le bol

le chiot

la narine

la roue

la gourde

le tube

16

la nourriture pour chien

le lapin

le cochon d'Inde

le clapier

la cage

la gerbille

le nichoir

la fourrure

le chaton

la tortue

le support

l' aile (f)

le perroquet

la griffe

la patte

17

 l'œuf (m)

 le beurre

la margarine

 la viande hachée

les spaghettis (m)

l'huile (f)

le fromage

La nourriture

l'épice (f)

le sel

le poivre

la soupe

le sucre

le raisin

la poire

les frites (f)

le hamburger

la fourchette

le couteau

le miel

la confiture

les chips (m)

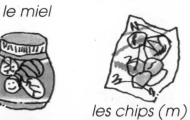

la tomate

le concombre

le vinaigre

l' ail (m)

l' orange (f)

la banane

la pomme

le champignon

la pomme de terre

le chou-fleur

la prune

l' oignon (m)

le petit pois

les céréales (f)

le sirop

le jus

le riz

le pain

19

le vaisseau
spatial

la ferme miniature

le patin à roulettes

la marionnette
à gaine

le parachute

la montre

Le jeu

le skateboard

le lasso

la tenue
de cowboy

la corde à sauter

le ballon de
football

l'arche (f)
de Noé

le jeu de société

le dé

le gobelet

le jeton

la bille

le yo-yo

20

l'arc (m)

la flèche

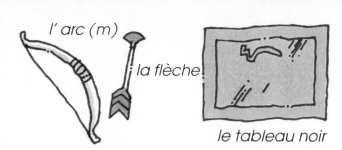

le tableau noir

la craie

le Légo

la cible

la pâte à modeler

la maison de poupée

la poupée

le malade

le pansement

le stéthoscope

la trousse de médecin

la tenue de médecin

la tenue d'infirmière

le fort

21

la marche

la chatière

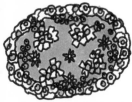

la plate-bande

la bordure

la pelouse

la miette

la mangeoire

la caca-
houète

la noix
de coco

la porte de
derriere

la jardinière

le tuyau d'arrosage

le tricycle

Dans le jardin

les oiseaux (m)
de jardin

l' arbuste (m)

le pissenlit

le mur

le balai

la fourcl

la botte

la mauvaise herbe

la famille

le jardin de rocaille

la chute d'eau

le nénuphar

le jardin sauvage

la souche

la cabane

la pâquerette

la tondeuse   le râteau

la pelle

le déplantoir

le pot à fleurs

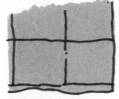
la terrasse

23

le triton

le mille-pattes

la chenille

Les petites bêtes

le rat

la chauve-souris

le cerf-volant

la fourmi

le cloporte

la coquille   l'escargot (m)

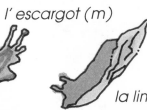
la limace

le perce-oreille

la mouche

le cocon

l'abeille (f)

24

le moustique

la guêpe

le papillon

la toile
d'araignée

l'araignée (f)

le papillon
de nuit

la coccinelle

le ver

le scarabée

la souris

la grenouille

la puce

la sauterelle

le têtard

les œufs (m) de grenouille

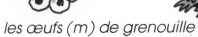

25

le fossile

la gerbille

la feuille

la table de science naturelle

la carte

A l' école

l' ordinateur (m)

la patère

le manteau

la plante

le pot

la boîte a jouets

la corbeille à papier

l' argile (f)

la peinture

le pinceau

le lecteur/la lectrice

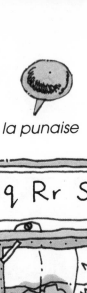
la punaise

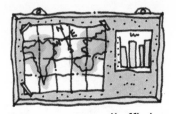
le panneau d'affichage

la gomme

le ciseaux (m)

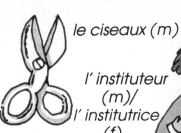
l' instituteur (m)/
l' institutrice (f)

Qq Rr Ss Tt Uu Vv Ww Xx Yy Zz

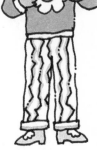
la brosse
à colle

la colle

la règle

le support visuel

la bibiothèque

le tableau

l'alphabet (m)

le cube

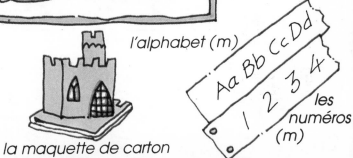
la maquette de carton

Aa Bb Cc Dd
1 2 3 4 les
numéros
(m)

le terrain de tennis

la balle de tennis

le café

le landau

la pente

Au parc

la crécelle

le bébé

la poussette

le manège

la cage à poules

le toboggan

la cour de récréation

la bascule

le bac à sable

la laisse

le pigeon

28

la grille

le buisson

la pancarte

fermé

le chapeau

le banc

le gardien de parc

la poubelle

le parapluie

la table

la chaise

l' île (f)

le bassin

le petit bateau

la chaîne

la selle

le pneu

le vélo

le guidon

la pédale

la barrière

le cadenas

29

le grand immeuble

le casque

le goudron

le camion-benne

l' échafaudage (m)

Le chantier

la pelleteuse

le semi-remorque

le rouleau compresseur

le compresseur

la voiture de pompiers

le marteau-piqueur

la chargeuse

le dumper

le casque

la combinaison

la brouette

le maçon

le charpentier

la bétonnière

BM MY 549

la plaque d'immatriculation

la grue

l' ouvrier-maçon (m)

la benne

le sable

le toit

la roue

la brique

le pare-brise

le volant

le graffiti

le semi-remorque

le bulldozer

la betonniere

l' affiche (f)

31

l' ambulance (f)

le malade

le brancard

le passage
à piétons
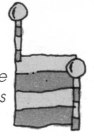

l' hôtel (m) de ville
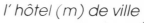

l' hôpital (m)

le réverbère

A la ville

la radiographie

l' infirmier (m)/
l' infirmière (f)

la voiture

l' agent (m)
de police

l' arrêt (m)
d'autobus

les feux (m)

le trottoir

le fauteuil roulant

le poste d'essence
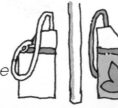

la pompe à essence

la poubelle

le camion

32

le conducteur
d'autobus

l' autobus (m)

la maison

le poteau télégraphique

le garage

l' abri (m)

le laveur
de vitres

le parking

la banque

le distributeur de
billets

le magasin

le magasin de jouets

le facteur

le taxi

le supermarché

le contractuel

le shampooing

la casserole

le prix
10F

la balance

la lessive

le congélateur

le légume

Au supermarché

le sac à
main

le pot

la bouteille

les provisions (f)

la queue

le porte-monnaie

Supermarché

Entrée

10F

3F

l' entrée (f)

le reçu

la caisse

le mouchoir en papier

le sac à provisions

34

les fruits (m)

les bâtonnets (m) de poisson

le panier

le rayon

le paquet

le médicament

la boîte

la sortie

a flèche

le parking

offre spéciale

Sortie

argent (m)

le papier d'emballage

le sac en papier

la carte

le chariot

le sac en plastique

35

le taureau

le champ

le pré

A la campagne

le village

la haie

la colline

la rivière

la pancarte

l' épicerie (f) de village

36

l' herbe (f)

la mare aux canards

la petite maison

la culture

le bois

la petite route

le renard

le hibou

le canard

l'écureuil (m)

la belette

la carte

la cheminée

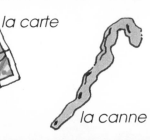

la canne

le poteau indicateur

le sac à dos

37

le foin

le fossé

le cheval

la porcherie   le porcelet

le poulain

le cochon

A la ferme

l' épouvantail (m)

la grange

l' auge (f)

le lapin

le chien
de berger

le veau

la vache

le fermier

l' oie (f)

l' oison (m)

l' étable (f)

le tracteur

la poule

le taureau

la remorque

le poussin

le poulailler

l' écurie (f)

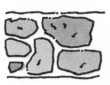
le mur

la barrière

le verger

l' échelle (f)

la cour de ferme

le mouton

l' agneau (m)

la mare aux canards

le canard

le camion

le caneton

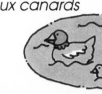

la montgolfière

le rotor

le canot automobile

le lac

l' hélicoptère (m)

le voilier

Les voyages

la voile

la cabine

le yacht

le canoë

le vélo

la voiture à pédales

le pont

le tunnel

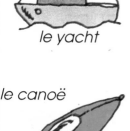

le panneau

la marche

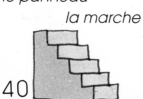

40

le semi-remorque

la péniche

le canal

la moto

la rame

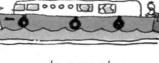

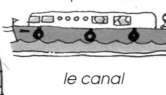

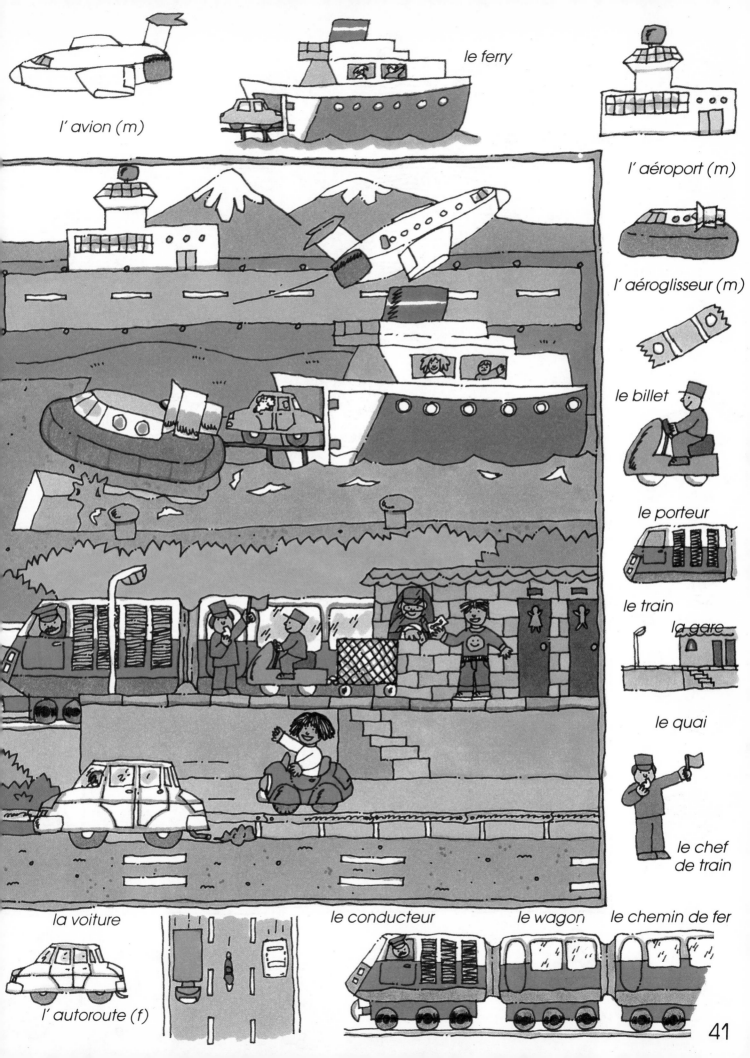

l' avion (m)

le ferry

l' aéroport (m)

l' aéroglisseur (m)

le billet

le porteur

le train

la gare

le quai

le chef
de train

la voiture

le conducteur

le wagon

le chemin de fer

l' autoroute (f)

41

l' hôtel (m)

la falaise

A la plage

le brise-vent

le transat

le brise-lames

le lait solaire

les lunettes (f)
de soleil

la
serviette
de plage

le seau

la pelle

le ballon
de plage

le panier de
pique-nique

le tuba

les algues (f)

la crevette

la coquille

les lunettes (f)
de plongée

le manchon
flottant

la glace

la jetée

le filet

le galet

la plage

la mer

le château
de sable

les douves (f)

le drapeau

la vague

le phare

la planche
à voile

la planche
de surf

le mâst

le gilet de
sauvetage

le canot automobile

le voilier

la palme

la mouette

43

la fumee

la flamme

le store

la bûche

le camping-gaz

le feu de camp

le tronc

Le camping

le barbecue

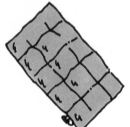
le matelas pneumatique

la corde à linge

la lessive

le sac de couchage

les jumelles (f)

la lampe de poche

la caravane

le terrain de camping   *la tente*

le bidon

le lit de camp

la couverture

la cuisinière

la poêle

l' appareil photo (m)

le magasin du camping

le pont

le ruisseau

le rocher

l' appât (m)

la ligne de pêche

la canne à pêche

le chocolat

la remorque

l' allumette (f)

la corde de tente

le piquet de tente

le maillet

le double toit

le tapis de sol

le mât de tente

la loutre

45

l' aire (f) de pique-nique

l' alligator (m)

le singe

l' hippopotame (m)

la boue

La Réserve d'animaux sauvages

ouvert

la chèvre

la rayure

le zèbre

le kangourou

attention!

ouvert

la girafe

le pélican

le lézard

le wallaby

la corne

le rhinocéros

46

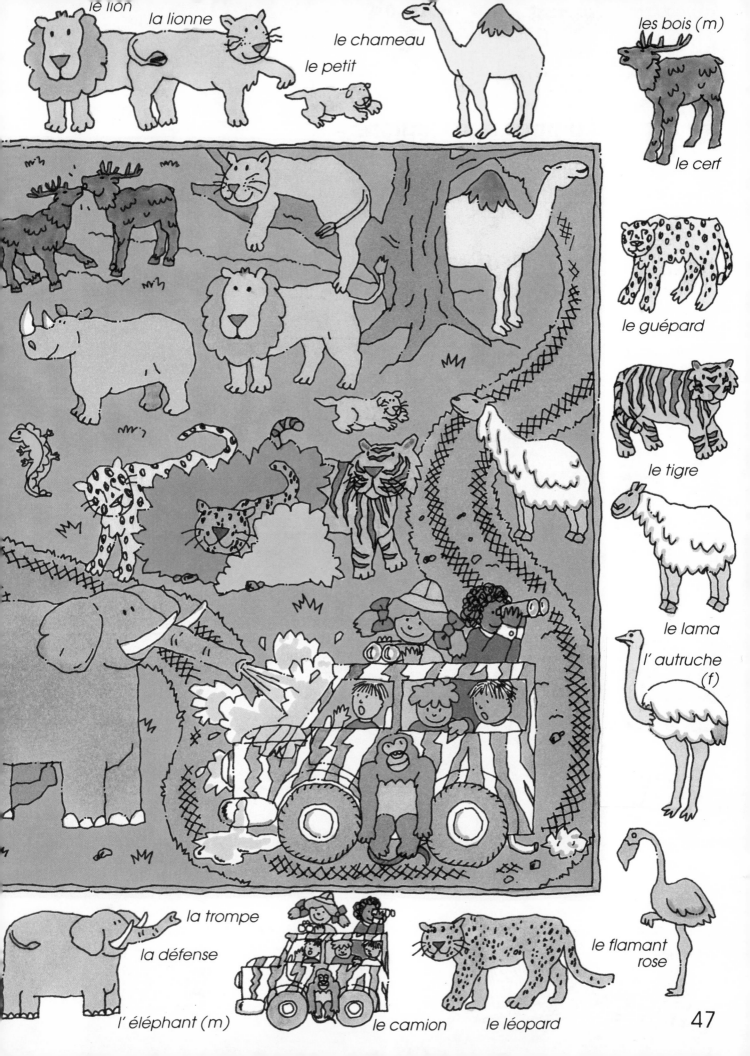

le lion

la lionne

le petit

le chameau

les bois (m)

le cerf

le guépard

le tigre

le lama

l' autruche (f)

le flamant rose

la trompe

la défense

l' éléphant (m)

le camion

le léopard

47

la grande roue

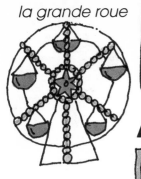

le radeau

le train fantôme

l' auto (f)
tamponneuse

la fusée

Au parc d'attractions

la coiffure

l' Amérindien(m)/
l' Amérindienne
(f)

le cowboy

le spectacle
Far West

la parade

la pataugeoire

le chemin de fer
miniature

le pop-corn

le stand de tir

la fontaine

48

le manège

le toboggan

le téléphérique

le labyrinthe

le kart

la piste de toboggan

le château gonflable

la barbe à papa

le spectacle de marionnettes

entrée

entrée

le kiosque à glaces

le monorail

le snack-bar

les montagnes (f) russes

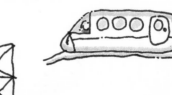

49

le nœud

la paille

le gâteau

la guirlande
électrique

le hot-dog

le ballon

la nappe

la baguette magique

la grande cape

le magicien

le colis

Une Fête

la bougie

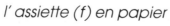

l' assiette (f) en papier

la boisson

le gobelet en papier

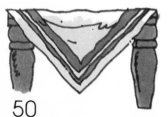

la serviette en papier

la carte

le sifflet en papier

le chapeau en papier

le serpentin

le ruban

la robe habillée

le diablotin

la banderole
de papier

le mouchoir

le cadeau

le chapeau
haut-de-forme

la fleur en papier

51

la raie

le poisson-épée

le phoque

la tortue marine

le plongeur

Sous l' eau

le morse

le corail

le banc

l' hippocampe (m)

l' etoile (f) de mer

le mât

le canon

l' épave

le trésor

la palourde

la crevette

le dauphin

le scaphandre
autonome

le masque
de plongée

la baleine

la méduse

la combinaison
de plongée

le tentacule

la pieuvre
la ventouse

l' anemone (f)
de mer

la grotte

la lampe de
poche

l' huître (f)

l' anguille (f)

la nageoire

le requin

le homard

53

le chien courir

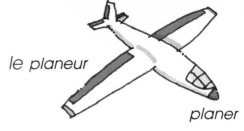
le planeur planer

le serpent

onduler

Les mouvements

deguerpir

l' araignée (f)

le garcon   la fille

marcher

le cheval

le poisson

trotter

galoper

nager

l'oiseau (m)

voler

sautiller

plonger

le canard

se dandiner

le chat

grimper

l'enfant (m/f)

se balancer

l'oiseau (m) aquatique

le crapaud

la libellule

la grenouille

patauger

bondir

sauter

voltiger

55

pépier   chanter   l'oiseau (m)   glousser

le poulet   siffler

la dinde

Les sons

glouglouter

braire

l'âne (m)

bêler

le mouton

pousser
des cris aigus

le porcelet

grogner

le cochon

bourdonner

l'abeille (f)

le canard

faire
coin - coin

siffler

le serpen

crier

les gens (m)

rire

pleurer

éternuer

hennir

le poney

le chat

miauler

la souris

vagir

fredonner

la mouche

le chien

la vache

aboyer

meugler

57

la balançoire

le sommet

petit/petite

grand/grande

étroit   large

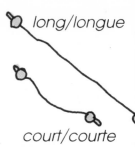

long/longue

court/courte

le bas

Les formes, les couleurs, les contraires

gros/grosse

maigre

en haut

en bas

triste

heureux/heureuse

dur

doux/douce

nouveau/nouvelle

vieux/vieille

58

orange
vert/verte
violet/violette
blanc/blanche
rose
rouge
jaune
bleu/bleue
noir/noire
marron
gris/grise
la sphère
le rectangle
l'étoile (f)
le cercle
etit/petite   grand/grande
le triangle
l'arc-en-ciel (m)
le cube
le carré

59

l'arbre (m) vert

la glace

la luge

le bonhomme de neige

le flocon de neige

Les saisons

L'hiver

la boule de neige

la neige

la branche

le nid

les fleurs (f)

l'agneau (m)

l'averse (f)

Le printemps

le crocus

le bouton

la jonquille

la primevère

60

le pêcheur

le roseau

le bateau à rames

la rivière

la rive

L'été

le pique-nique

la lumière
du soleil

la rose

la feuille

la pomme

l' écureuil (m)

L'automne

la baie

la poire

la brume

le gland

le chêne

le feu de jardin

61

l' ogre (m)

la lune

le dragon

le lutin

le gnome

Le monde des histoires

les spectateurs (m)

l' épée (f)

le bouclier

le panache

le casque

l' armure (f)

le chevalier

la reine

le roi

le trésor

le pirate

le sorcier

le chaudron

le monstre

le clown

le château

la marionnette

le géant

la fée

le fantôme

la maison hantée

le hibou

le bouffon

la licorne

la couronne

la princesse

la sorciere

le farfadet

le maquillage

le bois enchanté

le prince

le manche à balai

le champignon vénéneux

63

Section 2

Alphabetical Dictionary
English – French   **65**   Anglais – Français

Dictionnaire alphabétique
French – English   **97**   Français – Anglais

Aa

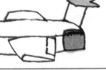
acorn
le gland

aerial
l'antenne (f)

aeroplane
l'avion (m)

airbed
le matelas pneumatique

airport
l'aéroport (m)

alligator
l'alligator (m)

alphabet
l'alphabet (m)

ambulance
l'ambulance (f)

Amerindian
l'Amérindien (m)/
l'Amérindienne (f)

---

amusement park
le parc d'attractions

angler
le pêcheur

ankle
la cheville

anorak
l'anorak (m)

ant
la fourmi

antlers
les bois (m)

ape
le singe

apple
la pomme

aqualung
le scaphandre autonome

---

arm
le bras

armband
le manchon flottant

armchair
le fauteuil

armour
l'armure (f)

arrow
la flèche

articulated lorry
la semi-remorque

audience
les spectateurs (m)

autumn
l'automne (m)

awning
le store

Bb
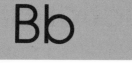

baby
le bébé

back
le dos

back door
la porte de derrière

bait
l'appât (m)

balloon
le ballon

banana
la banane

bandage
le pansement

bank
la banque

---

bar
le barreau

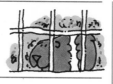

barbeque
le barbecue

to bark
aboyer

barn
la grange

baseball bat
la batte de base-ball

basket
le panier

bat
la chauve-souris

bath
la baignoire

bath towel
la serviette de bain

bathroom
la salle de bain

beach
la plage

beach ball
le ballon de plage

---

beach towel
la serviette de plage

beak
le bec

beaker
le gobelet

beard
la barbe

bedding
la litière

bedroom
la chambre

bee
l'abeille (f)

beetle
le scarabée

belt
la ceinture

bench
le banc

berry
la baie

beware!
attention!

bicycle
le vélo

big
grand/grande

big wheel
la grande roue
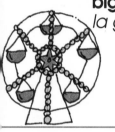

binoculars
les jumelles (f)

bird
l'oiseau (m)

bird table
le mangeoire

biscuit tin
la boîte à biscuits

black
noir/noire

blackboard
le tableau noir

blanket
la couverture

to bleat
bêler

bleat

blind
le store
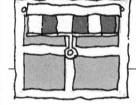

blossom
les fleurs (f)

blue
bleu/bleue

board game
le jeu de société

body
le corps

bone
l'os (m)

bonfire
le feu de jardin

bookcase
la bibliothèque

boot
la botte

border
la bordure
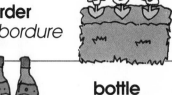

bottle
la bouteille

bottom
le bas

boulder
le rocher

bouncy castle
le château gonflable

bow
l'arc (m)

bow
le nœud

bowl
le bol

box
la boîte

boy
le garçon

braces
les bretelles (f)

branch
la branche

to bray
braire

bray

bread
le pain

brick
la brique

bricklayer
l'ouvrier-maçon (m)

bridge
le pont

broom
le balai

broomstick
le manche à balai

brown
marron

bucket
le seau

buckle
la boucle

bud
le bouton

budgerigar
la perruche

builder
le maçon

building block
le cube

bull
le taureau

bulldozer
le bulldozer

bunk beds
les lits (m) superposés

bus
l'autobus (m)

bus driver
le conducteur d'autobus

bus stop
l'arrêt (m) d'autobus

bush
le buisson

butter
le beurre

butterfly
le papillon

button
le bouton

buttonhole
la boutonnière

to buzz
bourdonner

buzz

Cc

cabin
la cabine

cabinet
l'armoire (f) de salle de bain (f)

cable car
le téléphérique

café
le café

camp site
le terrain de camping

caravan
la caravane

cage
la cage

camping gas
le camping-gaz

card
la carte

canal
le canal

cardboard model
la maquette de carton

cake
le gâteau

canal boat
la péniche

cardigan
le gilet

calf
le mollet

candle
la bougie

carpenter
le charpentier

calf
le veau

candlestick
le bougeoir

carpet
le tapis

camel
le chameau

candy floss
la barbe à papa

carriage
le wagon

cannon
le canon

cashpoint
le distributeur de billets

camera
l'appareil photo (m)

canoe
le canoë

castle
le château

camp bed
le lit de camp

car
la voiture

cat
le chat

camp fire
le feu de camp

car park
le parking
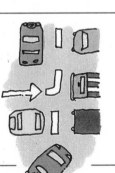

cat flap
la chatière

camp shop
le magasin du camping

caterpillar
la chenille

69

C

cauldron
le chaudron

cauliflower
le chou-fleur

cave
la grotte
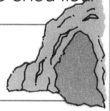

cement mixer
la bétonnière

centipede
le mille-pattes

cereal
les céréales (f)

chain
la chaîne

chair
la chaise

chalk
la craie

chart
le tableau

checkout
la caisse

cheek
la joue

cheese
le fromage

cheetah
le guépard

chest
la poitrine

chest of drawers
la commode
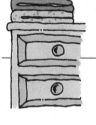

chick
le poussin

chicken
le poulet

child
l'enfant (m/f)
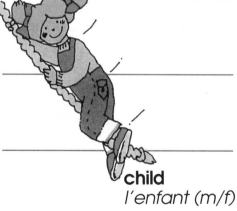

chimney
la cheminée

chin
le menton

chips
les frites (f)

to chirp
pépier

chocolate
le chocolat

circle
le cercle

clam
la palourde

claw
la griffe

clay
l'argile (f)

cliff
la falaise

to climb
grimper

climbing frame
*la cage
à poules*

cloak
*la grande
cape*

70

clock
la pendule

closed
fermé/fermée

clothes
les vêtements (m)

clown
le clown

to cluck
glousser

coat
le manteau

coconut
la noix de coco

cocoon
le cocon

coffee
le café

coffee table
la table basse

collar
le col

colour
la couleur

colouring book
l'album (m) à colorier

comic
le magazine de bandes dessinées

compact disc player
la chaîne

compressor
le compresseur

computer
l'ordinateur (m)

concrete mixer
la bétonnière

cooker
la cuisinière

coral
le corail

cord
le cordon

cottage
la petite maison

cotton wool
l'ouate (f)

counter
le jeton

country
la campagne

cow
la vache

cowboy
le cowboy

cowboy outfit
le tenue de cowboy

cowshed
l'étable (f)

cracker
le diablotin

crane
la grue
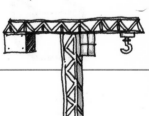

crayon
le crayon de couleur

crisps
les chips (m)

crocus
le crocus

crop
la culture

crossing
le passage à piétons
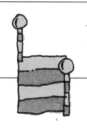

crown
la couronne

crumb
la miette

 *cry*
to cry
pleurer

cub
le petit

cube
le cube

cucumber
le concombre

cuff
la manchette

---

cup
la tasse

cupboard
le placard

curtain
le rideau
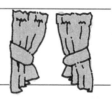

curtain pole
la tringle à rideau

Dd

daffodil
la jonquille

daisy
la paquerette

dandelion
le pissenlit

deckchair
le transat

deer
le cerf

---

dice
le dé

digger
la pelleteuse

ditch
le fossé

to dive
plonger

diver
le plongeur

doctor's bag
la trousse de médecin

doctor's outfit
la tenue de médecin

dodgem
l'auto (f) tamponneuse

dog
le chien

dog food
la nourriture pour chien

doll
la poupée

doll's clothes
*les vêtements (m)
de poupée*

doll's house
*la maison de
poupée*

dolphin
le dauphin

donkey
l'âne (m)

door
la porte

door knob
*la poignée de
porte*

down
en bas

dragon
le dragon

dragonfly
la libellule

draining board
l'égouttoir (m)

drawer
le tiroir

drawing
le dessin

drawing pin
la punaise

dress
la robe

dressing gown
*la robe de
chambre*

dressing table
la coiffeuse

drink
la boisson

driver
le conducteur

drum
le tambour

duck
le canard

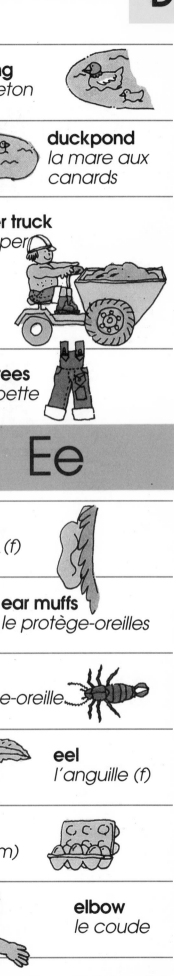

duckling
le caneton

duckpond
*la mare aux
canards*

dumper truck
le dumper

dungarees
la salopette

Ee

ear
l'oreille (f)

ear muffs
le protège-oreilles

earwig
le perce-oreille

eel
l'anguille (f)

egg
l'œuf (m)

elbow
le coude

73

E

elephant
l'éléphant (m)

elf
le farfadet

enchanted wood
le bois enchanté

entrance
l'entrée (f)

evergreen tree
l'arbre vert (m)

exit
la sortie

eye
l'œil (m)

eyebrow
le sourcil

eyelash
le cil

eyelid
la paupière

Ff

face
le visage

face mask
le masque de plongée

fairy
la fée

fairy lights
la guirlande électrique

family
la famille

fan
le ventilateur

farm
la ferme

farmer
le fermier

farmyard
la cour de ferme

fat
gros/grosse

ferry
le ferry

field
le champ

fin
la nageoire

finger
le doigt

fingernail
l'ongle (m)

fire
le feu

fire engine
la voiture de pompiers

fireguard
le garde-feu

74

fireplace
la cheminée

fish
le poisson
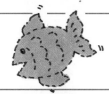

fish fingers
les batonnets de poisson (m)

fishing line
la ligne de pêche

fishing rod
la canne à pêche

flag
le drapeau

flame
la flamme

flamingo
le flamant rose

flannel
le gant de toilette

flashcard
le support visuel

flask
le Thermos

flea
la puce

flipper
la palme
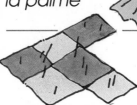

floor tile
le carreau

flower bed
la plate-bande
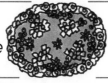

flowerpot
le pot à fleurs

fly
la mouche

flysheet
le double toit

foal
le poulain

food
la nourriture

food bowl
le bol

foot
le pied

football
le ballon de football

fork
la fourchette

fort
le fort
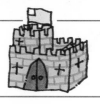

fossil
le fossile

fountain
la fontaine

fox
le renard

freezer
le congélateur
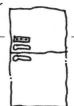

fridge
le frigo

frog
la grenouille

frog spawn
les œufs (m) de grenouille

fruit
les fruits (m)

frying pan
la poêle

fur
la fourrure

75

Gg

 to gallop
galoper

garage
le garage

garden
le jardin

garden birds
les oiseaux (m) de jardin

garlic
l'ail (m)

gate
la barrière

gerbil
la gerbille

ghost
le fantôme

ghost train
le train fantôme

giant
le géant

---

giraffe
la girafe
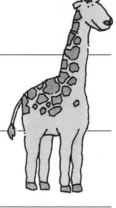

 **girl**
la fille

to glide
planer

glider
le planeur

glove
le gant

glove puppet
la marionette à gaine

gnome
le gnome

go-kart
le kart

goat
la chèvre

 **to gobble**
le glouglouter

gobble

goblin
le lutin

goggles
les lunettes (f) de plongée

goose
l'oie (f)

gosling
l'oison (m)

graffiti
le graffiti

grape
le raisin

grass
l'herbe (f)

grasshopper
la sauterelle
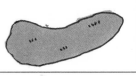

green
vert/verte

grey
gris/grise

groceries
les provisions (f)
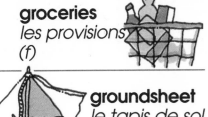

groundsheet
le tapis de sol

groyne
le brise-lames

to grunt
grogner

guard
le chef de train

guinea pig
le cochon d'Inde

guitar
la guitare

guy rope
la corde de tente

Hh

hair
les cheveux (m)

hamburger
le hamburger

hamster
le hamster

hamster house
la maison de hamster

hand
la main

handbag
le sac à main

handkerchief
le mouchoir

handlebars
le guidon

hanger
le cintre

happy
heureux/ heureuse

hard
dur

hat
le chapeau

haunted house
la maison hantée

hay
le foin

head
la tête

headdress
la coiffure

hedge
la haie

hedgehog
le hérisson

heel
le talon

helicopter
l'hélicoptère (m)

helmet
le casque

helter-skelter
le toboggan

hem
l'ourlet (m)

hen
la poule

hen house
le poulailler

hill
la colline
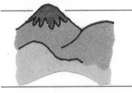

H

hip
la hanche

hippopotamus
*l'hippopotame
(m)*

to hiss
siffler

honey
le miel

hood
le capuchon

to hop
sautiller

horn
la corne

horse
le cheval

---

hose
*le tuyau
d'arrosage*

hospital
l'hôpital (m)

hot-air balloon
la montgolfière

hot dog
le hot-dog

hotel
l'hôtel (m)

house
la maison

to hover
voltiger

hovercraft
l'aéroglisseur (m)

to hum
fredonner

hutch
le clapier

Ii

ice
la glace

ice-cream
la glace

ice-cream stall
*le kiosque à
glaces*

island
l'île (f)

Jj

jam
la confiture

jar
le pot

jaw
la mâchoire

jeans
le blue-jean

jellyfish
la méduse

jester
le bouffon

jigsaw puzzle
le puzzle

jug
le pichet

juice
le jus

to jump
sauter

jumper
le pull

Kk

kangaroo
le kangourou

king
le roi

---

kitchen
la cuisine

kite
le cerf-volant

kitten
le chaton

knee
le genou

knickers
la culotte

knife
le couteau

knight
le chevalier

Ll

lace
le lacet

ladder
l'échelle (f)

ladybird
la coccinelle

lake
le lac

---

lamb
l'agneau (m)

lamp
la lampe

lamp-post
le réverbère

lampshade
l'abat-jour (m)

lane
la petite route
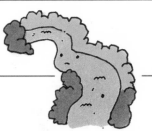

lasso
le lasso

to laugh
rire
 laugh

laundry basket
le panier à linge

lawn
la pelouse

lawnmower
la tondeuse
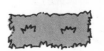

L

lead
la laisse

leaf
la feuille

to leap
bondir

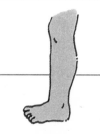
leg
la jambe

Lego
le Légo

leopard
le léopard

leotard
le justaucorps

library
la bibliothèque

lifejacket
le gilet de sauvetage

light
la lumière
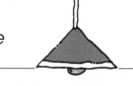

light switch
l'interrupteur (m)

lighthouse
le phare

lion
le lion

lioness
la lionne

lip
la lèvre

litter bin
la poubelle

little
petit/petite

living room
la salle de séjour

lizard
le lézard

llama
le lama

loader
la chargeuse

lobster
le homard

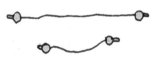
log
la bûche

long
long/longue

loudspeaker
le haut-parleur

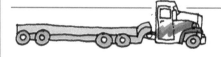
low loader
la semi-remorque

Mm

magazine
le magazine

magic wand
la baguette magique
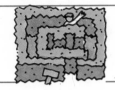

magician
le magicien

make-up
le maquillage

mallet
le maillet

mantlepiece
le dessus de cheminée

map
la carte

marble
la bille

margarine
la margarine

mast
le mât

mat
le paillasson

match
l'allumette (f)

maze
le labyrinthe

meadow
le pré
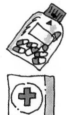

medicine
le médicament

merry-go-round
le manège

to mew
miauler

mew

mince
la viande hachée

miniature railway
le chemin de fer miniature

minibeast
la petite bête

mirror
le miroir

mist
la brume

mitten
la moufle

moat
les douves (f)

money
l'argent (m)

monkey
le singe

monorail
le monorail
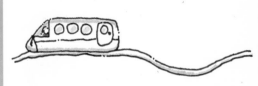

monster
le monstre

to moo
meugler

moo

M

moon
la lune

mosquito
le moustique

moth
le papillon de nuit

motor boat
le canot automobile

motorbike
la moto

motorway
l'autoroute (f)

mouse
la souris

moustache
la moustache

mouth
la bouche

movement
le mouvement

mud
la boue

mushroom
le champignon

Nn

nailbrush
la brosse à ongles

narrow
étroit

nature table
la table de science naturelle

navel
le nombril

neck
le cou

to neigh
hennir

neigh
hennir

nest
le nid

nestingbox
le nichoir

net
le filet

new
nouveau/ nouvelle

newspaper
le journal

newt
le triton

Noah's ark
l'arche de Noé (f)

nose
le nez

nostril
la narine

notice
la pancarte

Beware of the bull

numberplate
la plaque d'immatriculation

H456 NC

numbers
les numéros (m)

nurse
l'infirmier (m)/ l'infirmière (f)
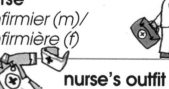

nurse's outfit
la tenue d'infirmière

Oo

oak tree
le chêne

oar
la rame

octopus
la pieuvre

ogre
l'ogre (m)

oil
l'huile (f)

old
vieux/vieille

onion
l'oignon (m)

open
ouvert/ouverte

opposites
les contraires (m)

orange
orange

orange
l'orange (f)

orchard
le verger

ostrich
l'autruche (f)
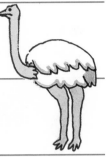

otter
la loutre

oven
le four

overalls
la combinaison

owl
le hibou

oyster
l'huître (f)

Pp

packet
le paquet

paddling pool
la pataugeoire

padlock
le cadenas

paint
la peinture

paintbrush
le pinceau

painting
la peinture

palm
la paume

pants
le slip

paper
le papier

paper bag
le sac en papier

paper chain
la banderole de papier

paper cup
le gobelet en papier

paper flower
la fleur en papier

paper hat
le chapeau en papier

paper napkin
la serviette en papier

paper plate
l'assiette (f) en papier

parachute
le parachute

parade
la parade

parcel
le colis

park
le parc

park keeper
le gardien de parc

parrot
le perroquet

party
la fête

party dress
la robe habillée

party squeaker
le sifflet en papier

paste
la colle

paste brush
la brosse à colle

patient
le malade

pavement
le trottoir

paw
la patte

pea
le petit pois

peanut
la cacahouète

pear
la poire

pebble
le galet

pedal
la pédale

pedal car
la voiture à pédales

peg
la patère

pelican
le pélican

pencil
le crayon

pencil case
la trousse

people
les gens (m)
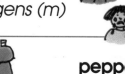

pepper
le poivre

pet
l'animal (m) familier

petrol pump
la pompe à essence

petrol station
le poste d'essence

photograph
la photographie

84

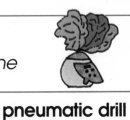

P

picnic
le pique-nique

picnic area
l'aire (f) de pique-nique

picnic basket
le panier de pique-nique

pier
la jetée

pig
le cochon

pigeon
le pigeon

piglet
le porcelet

pigsty
la porcherie

pillow
l'oreiller (m)

pinafore dress
la robe-chasuble

pinboard
le panneau d'affichage

---

pink
rose

pirate
le pirate

plant
la plante

plastic bag
le sac en plastique

Plasticine
la pâte à modeler

plate
l'assiette (f)

platform
le quai

playground
la cour de récréation

to play
jouer

plimsoll
la chaussure de toile

plug
la bonde

plum
la prune

---

plume
le panache

pneumatic drill
le marteau-pneumatique

pocket
la poche

police officer
l'agent de police (m)

pond
le bassin

pony
le poney

popcorn
le pop-corn

porter
le porteur

poster
l'affiche (f)

postman/ postwoman
le facteur

pot
le pot

85

potato
la pomme de terre

pram
le landau

present
le cadeau

price
le prix

primrose
la primevère

prince
le prince

princess
la princesse

puppet
la marionnette

puppet show
le spectacle de marionnettes

puppy
le chiot

purple
violet/violette

purse
le porte-monnaie

pushchair
la poussette

pyjamas
le pyjama

Qq

to quack
faire coin-coin

quack faire coin-coin

queen
la reine

queue
la queue

quilt
la couette

Rr

rabbit
le lapin

radiator
le radiateur

radio
la radio

raft
le radeau

railing
la grille
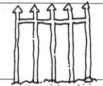

railway
le chemin de fer

rain shower
l'averse (f)

rainbow
l'arc-en-ciel (m)

rake
le râteau

rat
le rat

rattle
la crécelle

ray
la raie

reader
le lecteur (m)/ la lectrice (f)

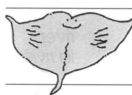
receipt
le reçu

record player
le tourne-disque

rectangle
le rectangle

red
rouge

reed
le roseau

remote control
la télécommande
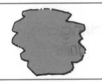

rhinoceros
le rhinocéros

ribbon
le ruban

rice
le riz

rifle range
le stand de tir

river
la rivière

riverbank
la rive

rock garden
le jardin de rocaille

rocket
la fusée

rocking chair
le fauteuil à bascule

roller coaster
les montagnes (f) russes
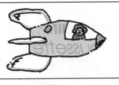

roller skate
le patin à roulettes
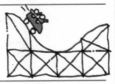

roof
le toit

rose
la rose

rotor
le rotor

roundabout
le manège

rowing boat
le bateau à rames

rubber
la gomme

rucksack
le sac à dos

rug
la carpette

ruler
la règle

to run
courir

Ss

sad
triste

saddle
la selle

safari park
la réserve d'animaux sauvages

safety hat
le casque

sail
la voile

sailing boat
le voilier

salt
le sel

sand
le sable

sandal
la sandale

sandcastle
le château de sable

sandpit
le bac à sable

satchel
le cartable

saucepan
la casserole

sawdust
la sciure

scaffolding
l'échafaudage (m)

scales
la balance

scarecrow
l'épouvantail (m)

scarf
l'écharpe (f)

school
l'école (f)

scissors
les ciseaux (m)

to scuttle
déguerpir

sea
la mer

sea anemone
l'anémone (f) de mer

seagull
la mouette

seahorse
l'hippocampe (m)

seal
le phoque

season
la saison

seaweed
les algues (f)

seesaw
la bascule

settee
le canapé

shampoo
le shampooing

shape
la forme

shark
le requin

shed
la cabane

sheep
le mouton

sheepdog
le chien de berger

sheet
le drap

shelf
le rayon

shell
la coquille

shelter
l'abri (m)

shield
le bouclier

shirt
la chemise

shoal
le banc

shoe
la chaussure

shop
le magasin

shopping bag
*le sac
à provisions*

short
court/courte

short
petit/petite

shoulder
l'épaule (f)

to shout
crier

shower
la douche

shower cap
*le bonnet de
douche*

shower curtain
*le rideau de
douche*

shrimp
la crevette
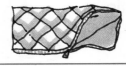

shrub
l'arbuste (m)

sign
le panneau

signpost
*le poteau
indicateur*

to sing
chanter

sink
l'évier (m)

skateboard
le skateboard

skip
la benne

skipping rope
la corde à sauter

skirt
la jupe

sledge
la luge

sleeping bag
*le sac de
couchage*

sleeve
la manche

slide
le toboggan

slipper
la pantoufle

to slither
onduler

slope
la pente

slug
la limace

smoke
la fumée

snack bar
le snack-bar

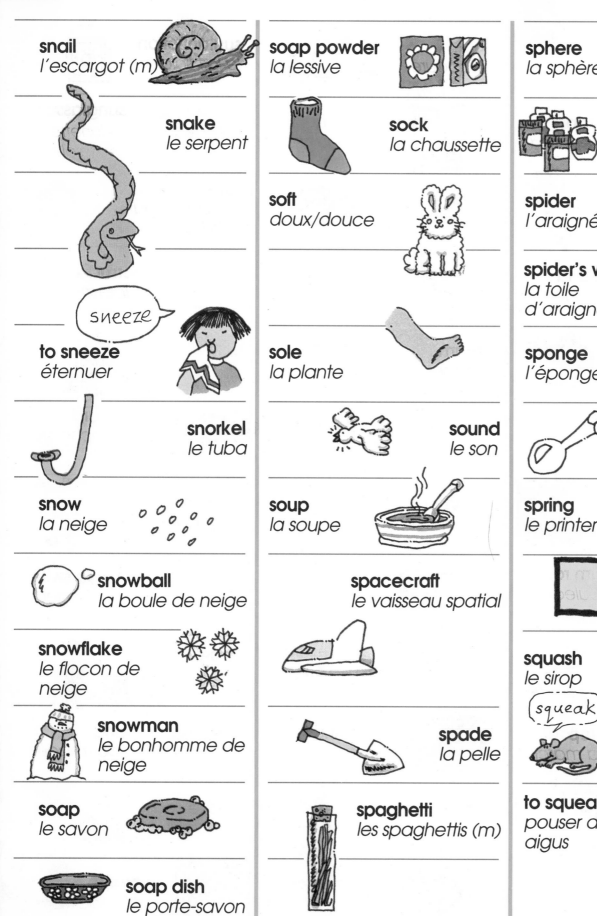

snail
l'escargot (m)

snake
le serpent

to sneeze
éternuer

snorkel
le tuba

snow
la neige

snowball
la boule de neige

snowflake
le flocon de neige

snowman
le bonhomme de neige

soap
le savon

soap dish
le porte-savon

soap powder
la lessive

sock
la chaussette

soft
doux/douce

sole
la plante

sound
le son

soup
la soupe

spacecraft
le vaisseau spatial

spade
la pelle

spaghetti
les spaghettis (m)

sphere
la sphère

spice
l'épice (f)

spider
l'araignée (f)

spider's web
la toile d'araignée

sponge
l'éponge (f)

spoon
la cuillère

spring
le printemps

square
le carré

squash
le sirop

to squeak
vagir

to squeal
pouser des cris aigus

squirrel
l'écureuil (m)

stable
l'écurie (f)

stag beetle
le cerf-volant

stand
le support

star
l'étoile (f)

starfish
l'étoile (f) de mer

station
la gare

steam roller
le rouleau compresseur

steering wheel
le volant

step
la marche

stethoscope
le stéthoscope

---

stool
le tabouret

story
l'histoire (f)

stove
la cuisinière

straw
la paille

stream
le ruisseau

streamer
le serpentin

stretcher
le brancard

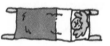

stripe
la rayure

sucker
la ventouse

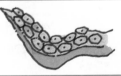

sugar
le sucre

summer
l'été (m)

---

suntan lotion
le lait solaire

sunglasses
les lunettes (f) de soleil

sunshine
la lumière du soleil

supermarket
le supermarché

surfboard
la planche de surf

sweatshirt
le sweatshirt

to swim
nager

to swing
se balancer

swing
la balançoire

sword
l'épée (f)

swordfish
le poisson-épée

Tt

table
la table

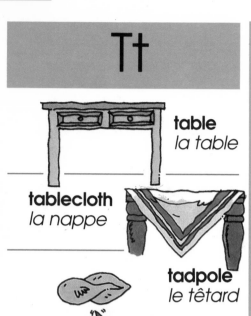

tablecloth
la nappe

tadpole
le têtard

tail
la queue

tall
grand/grande

tap
le robinet

tape recorder
le magnétophone

target
la cible

tarmac
le goudron

taxi
le taxi

teacher
l'instituteur (m)/
l'institutrice (f)

teeth
les dents (f)

telegraph pole
le poteau
télégraphique

telephone
le téléphone

television
la télévision

tennis ball
la balle
de tennis

tennis court
le terrain de tennis

tent
la tente

tent peg
le piquet de tente

tent pole
le mât de tent

tentacle
le tentacule

terrace
la terrasse

thigh
la cuisse

thin
maigre

thumb
le pouce

ticket
le billet

tiger
le tigre

tights
le collant

tile
le carreau

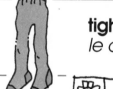

tin
la boîte

tipper truck
le camion-benne

tissue
le mouchoir en papier

toad
le crapaud

toadstool
le champignon vénéneux

toaster
le grille-pain

toboggan run
la piste de toboggan

toe
l'orteil (m)

toilet
les cabinets (m)

toilet paper
le papier hygiénique

toilet seat
le siège des cabinets

tomato
la tomate

tongue
la langue

toothbrush
la brosse à dents

toothpaste
le dentifrice

top
le sommet

top hat
le chapeau haut-de-forme

torch
la lampe de poche

tortoise
la tortue

towel rail
le porte-serviettes

tower block
le grand immeuble
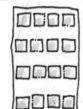

town
la ville

town hall
l'hôtel (m) de ville

toy boat
le petit bateau

toy box
la boîte a jouets

toy farm
la ferme miniature

toy shop
le magasin de jouets

tractor
le tracteur

traffic lights
les feux (m)

traffic warden
le contractuel (m)/ la contractuelle (f)

trailer
la remorque

train
le train

train set
le train électrique

trainer
le tennis

travelling
le voyage

treasure
le trésor

tree stump
la souche

tree trunk
le tronc

triangle
le triangle

tricycle
le tricycle

trolley
le chariot

to trot
trotter

trough
l'auge (f)

trowel
le déplantoir

truck
le camion

trunk
la trompe

t-shirt
le t-shirt

tube
le tube

tunnel
le tunnel

turkey
la dinde

turtle
la tortue marine

tusk
la défense

tyre
le pneu

Uu

umbrella
le parapluie

unicorn
la licorne

up
en haut

Vv

van
le camion

vase
le vase

vegetable
le légume

vest
le tricot de corps

video
le magnétoscope

village
le village

village store
l'épicerie (f) de village

vinegar
le vinaigre

Ww

to waddle
se dandiner

to wade
patauger

washing machine
la machine à laver

weasel
la belette

waist
la taille

wasp
la guêpe

weed
la mauvaise herbe

to walk
marcher

wastepaper bin
la corbeille à papier

walking stick
la canne

watch
la montre

wet suit
la combinaison de plongée

wall
le mur

water bird
l'oiseau (m) aquatique

wallaby
le wallaby

water bottle
la gourde

whale
la baleine
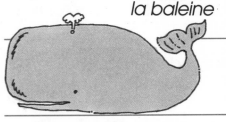

walrus
le morse
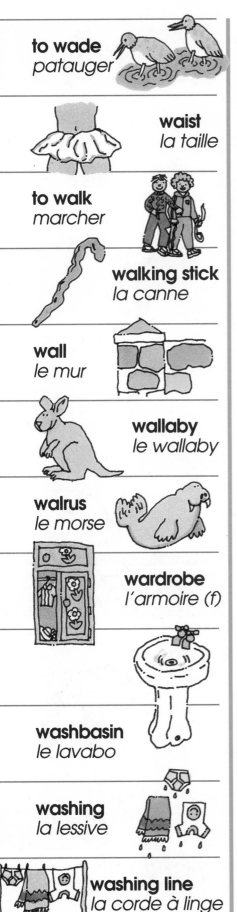

wardrobe
l'armoire (f)

water carrier
le bidon

wheel
la roue

waterfall
la chute d'eau

wheelbarrow
la brouette

washbasin
le lavabo

wheelchair
le fauteuil roulant

washing
la lessive

waterlily
le nénuphar

to whistle
siffler

washing line
la corde à linge

wave
la vague

white
blanc/blanche

W

wide
large

wild garden
le jardin sauvage

wild west show
le spectacle Far West

windbreak
le brise-vent

window
la fenêtre

window box
la jardinière

window cleaner
le laveur de vitres

windowsill
le rebord de fenêtre

windscreen
le pare-brise

windsurfer
la planche à voile

wing
l'aile (f)

winter
l'hiver (m)

wire netting
le treillis métallique

witch
la sorcière

wizard
le sorcier

wood
le bois (m)

woodlouse
le cloporte

worktop
la table de travail

world
le monde

worm
le ver

wrapping paper
le papier d'emballage

wreck
l'épave (f)

wrist
le poignet

Xx

x-ray
la radiographie

xylophone
le xylophone

Yy

yacht
le yacht

yellow
jaune

yo-yo
le yo-yo

Zz

zebra
le zèbre

zip
la fermeture éclair

2ᵉᵐᵉ partie

Dictionnaire alphabétique

Anglais – Français **65** Français – Anglais **97**

Section 2

Alphabetical Dictionary

English – French **65** French – English **97**

Aa

l'abat-jour (m)
lampshade

l'abeille (f)
bee

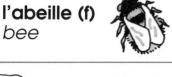

aboyer
to bark

l'abri (m)
shelter

l'aéroglisseur (m)
hovercraft

l'aéroport (m)
airport

l'affiche (f)
poster

l'agent de police (m)
police officer

---

l'agneau (m)
lamb

l'ail (m)
garlic

l'aile (f)
wing

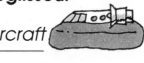
l'aire (f) de pique-nique
picnic area

l'album (m) à colorier
colouring book

les algues (f)
seaweed

l'alligator (m)
alligator

l'allumette (f)
match

---

l'alphabet (m)
alphabet

l'ambulance (f)
ambulance

**l'Amérindien (m)/
l'Amérindienne (f)**
Amerindian

l'âne (m)
donkey

l'anémone (f) de mer
sea anemone

l'anguille (f)
eel

l'animal (m) familier
pet

l'anorak (m)
anorak

l'antenne (f)
aerial

---

l'appareil photo (m)
camera

l'appât (m)
bait

l'araignée (f)
spider

l'arbre vert (m)
evergreen tree

l'arbuste (m)
shrub

l'arc (m)
bow

l'arc-en-ciel (m)
rainbow

l'arche (f) de Noé
Noah's ark

l'argent (m)
money

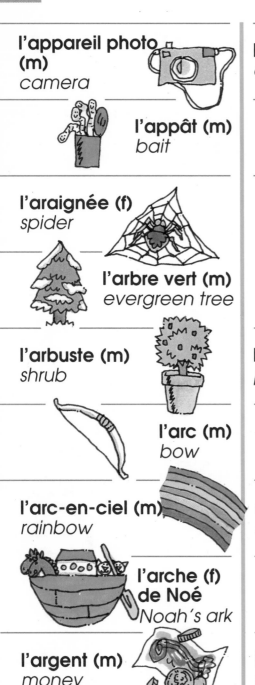

l'argile (f)
clay

l'armoire (f)
wardrobe

l'armoire (f) de salle de bain
cabinet

l'armure (f)
armour

l'arrêt (m) d'autobus
bus stop

l'assiette (f)
plate

l'assiette (f) en papier
paper plate

attention!
beware

l'auge (f)
trough

l'autobus (m)
bus

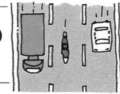

l'automne (m)
autumn

l'autoroute (f)
motorway

l'auto (f) tamponneuse
dodgem

l'autruche (f)
ostrich

l'averse (f)
rain shower

l'avion (m)
aeroplane

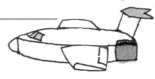

Bb

le bac à sable
sandpit

la baguette magique
magic wand

la baie
berry

la baignoire
bath

le balai
broom

se balancer
to swing

la balançoire
swing

la baleine
whale

la balle de tennis
tennis ball

le ballon
balloon

le ballon de football
football

le ballon de plage
beach ball

la banane
banana

le banc
bench

le banc
shoal

la banderole de papier
paper chain

la banque
bank

la barbe
beard

la barbe à papa
candy floss

le barbecue
barbecue

le barreau
bar

la barrière
gate

le bas
bottom

la bascule
seesaw

le bassin
pond

le bateau à rames
rowing boat

les batonnets de poisson (m)
fish fingers

la batte de base-ball
baseball bat

le bébé
baby

le bec
beak

bêler
to bleat

bêler

la belette
weasel

la benne
skip

la bétonnière
cement mixer

99

la bétonnière
concrete mixer

le beurre
butter

la bibliothèque
bookcase

la bibliothèque
library

le bidon
water carrier

la bille
marble

le billet
ticket

blanc/blanche
white

bleu/bleue
blue

le blue-jean
jeans

---

le bois
wood

les bois (m)
antlers

le bois enchanté
enchanted wood

la boisson
drink

la boîte
box

la boîte
tin

la boîte à biscuits
biscuit tin

la boîte à jouets
toy box

le bol
bowl

le bol
food bowl

---

la bonde
plug

bondir
to leap

le bonhomme de neige
snowman

le bonnet de douche
shower cap

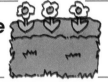

la bordure
border

la botte
boot

la bouche
mouth

la boucle
buckle

le bouclier
shield

la boue
mud

le bouffon
jester

le bougeoir
candlestick

la bougie
candle

la boule de neige
snowball

bourdonner
to buzz

la bouteille
bottle

le bouton
button

le bouton
bud

la boutonnière
buttonhole

braire
to bray

le brancard
stretcher

la branche
branch

le bras
arm

les bretelles (f)
braces

la brique
brick

le brise-lames
groyne

le brise-vent
windbreak

la brosse à colle
paste brush

la brosse à dents
toothbrush

la brosse à ongles
nailbrush

la brouette
wheelbarrow

la brume
mist

la bûche
log

le buisson
bush

le bulldozer
bulldozer

Cc

la cabane
shed

la cabine
cabin

les cabinets (m)
toilet

la cacahouète
peanut

le cadeau
present

le cadenas
padlock

le café
cafe

le café
coffee

la cage
cage
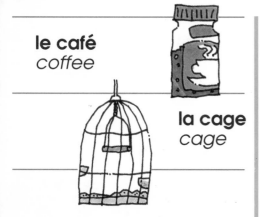

la cage à poules
climbing frame

la caisse
checkout

le camion
truck

le camion
van

le camion-benne
tipper truck

la campagne
country

le camping-gaz
camping gas

le canal
canal

le canapé
settee

le canard
duck

le caneton
duckling
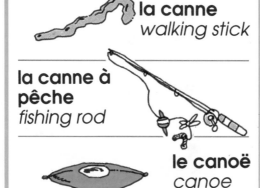

la canne
walking stick

la canne à pêche
fishing rod

le canoë
canoe

le canon
cannon

le canot automobile
motor boat

le capuchon
hood

la caravane
caravan

la carpette
rug

le carré
square

le carreau
floor tile

le carreau
tile

le cartable
satchel

la carte
map

la carte
card

le casque
helmet

le casque
safety hat

la casserole
saucepan

la ceinture
belt
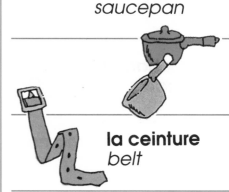

le cercle
circle

les céréales
cereal

le cerf
deer

le cerf-volant
kite

le cerf-volant
stag beetle

la chaîne
chain

la chaîne
compact disc player

la chaise
chair

la chambre
bedroom

le chameau
camel

le champ
field

le champignon
mushroom

le champignon vénéneux
toadstool

chanter
to sing

le chapeau
hat

le chapeau en papier
paper hat

le chapeau haut-de-forme
top hat

la chargeuse
loader

le chariot
trolley

le charpentier
carpenter

le chat
cat

le château
castle

le château de sable
sandcastle

le château gonflable
bouncy castle

la chatière
cat flap

le chaton
kitten

le chaudron
cauldron

la chaussette
sock

la chaussure
shoe

la chaussure de toile
plimsoll

la chauve-souris
bat

le chef de train
guard

le chemin de fer
railway

le chemin de fer miniature
miniature railway

la cheminée
chimney

la cheminée
fireplace

la chemise
shirt

le chêne
oak tree

la chenille
caterpillar

le cheval
horse

le chevalier
knight

les cheveux (m)
hair

la cheville
ankle

la chèvre
goat

le chien
dog

le chien de berger
sheepdog

le chiot
puppy

les chips (m)
crisps

le chocolat
chocolate

le chou-fleur
cauliflower

la chute d'eau
waterfall

la cible
target

le cil
eyelash

le cintre
hanger

les ciseaux (m)
scissors

le clapier
hutch

le cloporte
woodlouse

le clown
clown

la coccinelle
ladybird

le cochon
pig

le cochon d'Inde
guinea pig

le cocon
cocoon

la coiffeuse
dressing table

la coiffure
headdress

le col
collar

le colis
parcel

le collant
tights

la colle
paste

la colline
hill

la combinaison
overalls

la combinaison de plongeé
wet suit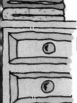

la commode
chest of drawers

le compresseur
compressor

le concombre
cucumber

le conducteur
driver

le conducteur d'autobus
bus driver

la confiture
jam

le congélateur
freezer

le contractuel (m)/ la contractuelle (f)
traffic warden

les contraires (m)
opposites

la coquille
shell

le corail
coral

la corbeille à papier
wastepaper bin

la corde à linge
washing line

la corde à sauter
skipping rope

la corde de tente
guy rope

le cordon
cord

la corne
horn

le corps
body

le cou
neck

le coude
elbow

la couette
quilt

la couleur
colour

la cour de ferme
farmyard

la cour de récréation
playground

C

courir
to run

 la couronne
crown

court/courte
short

le couteau
knife

 **la couverture**
blanket

le cowboy
cowboy

 la craie
chalk

le crapaud
toad ...

 **le crayon**
pencil

le crayon de couleur
crayon

 la crécelle
rattle

---

la crevette
shrimp

crier
to shout

 le crocus
crocus

le cube
building block

 le cube
cube

la cuillère
spoon

 **la cuisine**
kitchen

la cuisinière
cooker

la cuisinière
stove

 la cuisse
thigh

---

la culotte
knickers

la culture
crop

Dd

se dandiner
to waddle

le dauphin
dolphin

le dé
dice

la défense
tusk

déguerpir
to scuttle

le dentifrice
toothpaste

les dents (f)
teeth

le déplantoir
trowel

le dessin
drawing

le dessus de cheminée
mantlepiece

le diablotin
cracker

la dinde
turkey

le distributeur de billet
cashpoint

le doigt
finger

le dos
back

le double toit
flysheet

la douche
shower

les douves (f)
moat

doux/douce
soft

le dragon
dragon

le drap
sheet

le drapeau
flag

le dumper
dumper truck

dur
hard

Ee

l'échafaudage (m)
scaffolding

l'écharpe (f)
scarf
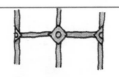

l'échelle (f)
ladder
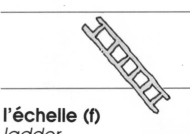

l'école (f)
school

l'écureuil (m)
squirrel

l'écurie (f)
stable

l'égouttoir (m)
draining board

l'éléphant (m)
elephant

en bas
down

l'enfant (m/f)
child

en haut
up

l'entrée (f)
entrance

l'épaule (f)
shoulder

l'épave (f)
wreck

l'épeé (f)
sword

l'épice (f)
spice

l'épicerie (f) de village
village store

l'éponge (f)
sponge

l'épouvantail (m)
scarecrow

l'escargot (m)
snail

l'étable (f)
cowshed

---

l'été (m)
summer

éternuer

éternuer
to sneeze

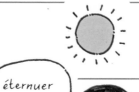

l'étoile (f)
star

l'étoile (f) de mer
starfish

étroit
narrow

l'évier (m)
sink

Ff

le facteur
postman/ postwoman

faire coin-coin

faire coin-coin
to quack

la falaise
cliff

la famille
family

le fantôme
ghost

---

le farfadet
elf

le fauteuil
armchair

le fauteuil à bascule
rocking chair

le fauteuil roulant
wheelchair

la fée
fairy

la fenêtre
window

fermé/fermée
closed

la ferme
farm

la ferme miniature
toy farm

la fermeture éclair
zip

le fermier
farmer

le ferry
ferry boat

la fête
party

le feu
fire

le feu de camp
camp fire

le feu de jardin
bonfire

la feuille
leaf

les feux (m)
traffic lights

le filet
net

la fille
girl

le flamant rose
flamingo

la flamme
flame

la flèche
arrow

la fleur en papier
paper flower

les fleurs (f)
blossom

le flocon de neige
snowflake

le foin
hay
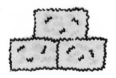

la fontaine
fountain

la forme
shape

le fort
fort

le fossé
ditch

le fossile
fossil

le four
oven

la fourchette
fork

la fourmi
ant

la fourrure
fur

fredonner

fredonner
to hum

le frigo
fridge

les frites (f)
chips

le fromage
cheese

les fruits (m)
fruit

la fumée
smoke

la fusée
rocket

109

Gg

le galet
pebble

galoper
to gallop

le gant
glove

le gant de toilette
flannel

le garage
garage

le garçon
boy

le garde-feu
fireguard

le gardien de parc
park keeper

la gare
station

le gâteau
cake

le géant
giant

---

le genou
knee
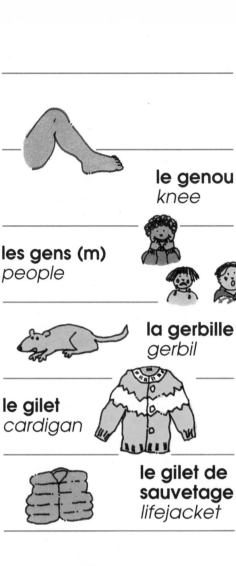

les gens (m)
people

la gerbille
gerbil

le gilet
cardigan

le gilet de sauvetage
lifejacket

la girafe
giraffe

la glace
ice

la glace
ice-cream

le gland
acorn

---

glouglouter
to gobble

glouglouter

glousser
to cluck glousser

le gnome
gnome

le gobelet
beaker

le gobelet en papier
paper cup

la gomme
rubber

le goudron
tarmac

la gourde
water bottle

le graffiti
graffiti

grand/ grande
big

grand/ grande
tall

le grand immeuble
tower block

la grande cape
cloak

la grande roue
big wheel

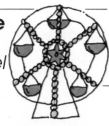

la grange
barn

la grenouille
frog

la griffe
claw

la grille
railing

le grille-pain
toaster

grimper
to climb

gris/grise
grey

grogner
to grunt

grogner

gros/grosse
fat

la grotte
cave

la grue
crane

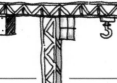

le guépard
cheetah

la guêpe
wasp

le guidon
handlebar

la guirlande électrique
fairy lights

la guitare
guitar

Hh

la haie
hedge

le hamburger
hamburger

le hamster
hamster

la hanche
hip

le haut parleur
loudspeaker

l'hélicoptère (m)
helicopter

hennir
to neigh

hennir

l'herbe (f)
grass

le hérisson
hedgehog

heureux/
heureuse
happy

le hibou
owl

l'hippocampe (m)
seahorse

l'hippopotame (m)
hippopotamus

l'histoire (f)
story

l'hiver (m)
winter

le homard
lobster

l'hôpital (m)
hospital

le hot-dog
hot dog

l'hôtel (m)
hotel

---

l'hôtel (m) de ville
town hall

l'huile (f)
oil

l'huître (f)
oyster

Ii

l'île (f)
island

l'infirmier (m)/
l'infirmière (f)
nurse

l'instituteur (m)/
l'institutrice (f)
teacher

l'interrupteur (m)
light switch

Jj

la jambe
leg

---

le jardin
garden

le jardin de rocaille
rock garden

le jardin sauvage
wild garden

la jardinière
window box

jaune
yellow

la jetée
pier

le jeton
counter

le jeu de société
board game

la jonquille
daffodil

la joue
cheek

jouer
to play

le journal
newspaper

les jumelles (f)
binoculars

la jupe
skirt

le jus
juice

le justaucorps
leotard

Kk

 **le kangourou**
kangaroo

le kart
go-kart

le kiosque à glaces
ice-cream stall

Ll

le labyrinthe
maze

le lac
lake

---

le lacet
lace

la laisse
lead

le lait solaire
suntan lotion

 le lama
llama

 la lampe
lamp

la lampe de poche
torch

 le landau
pram

la langue
tongue

 le lapin
rabbit

large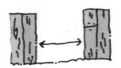
wide

 **le lasso**
lasso

---

le lavabo
washbasin

le laveur de vitres
window cleaner

 le lecteur (m)/ la lectrice (f)
reader

le Légo
Lego

le légume
vegetable

le léopard
leopard

 la lessive
soap powder

la lessive
washing

 la lèvre
lip

le lézard
lizard

 la libellule
dragonfly

113

la licorne
unicorn

la ligne de pêche
fishing line

la limace
slug

le lion
lion

la lionne
lioness

le lit de camp
camp bed

la litière
bedding

les lits (m) superposés
bunk beds

long/longue
long

la loutre
otter

la luge
sledge

---

la lumière
light
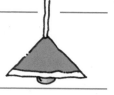

la lumière du soleil
sunshine

la lune
moon

les lunettes (f) de plongée
goggles

les lunettes (f) de soleil
sunglasses

le lutin
goblin

Mm

la machine à laver
washing machine

la mâchoire
jaw

le maçon
builder

le magasin
shop

le magasin de jouets
toy shop

---

le magasin du camping
camp shop

le magazine
magazine

le magazine de bandes dessinées
comic

le magicien
magician

le magnétophone
tape recorder

le magnétoscope
video

maigre
thin

le maillet
mallet

la main
hand

la maison
house

la maison de hamster
hamster house

la maison de poupée
doll's house

la maison hantée
haunted house

le malade
patient

la manche
sleeve

le manche à balai
broomstick

la manchette
cuff

le manchon flottant
armband

le manège
merry-go-round

le manège
roundabout

le mangeoire
bird table

le manteau
coat

la maquette de carton
cardboard model

le maquillage
make-up

la marche
step

marcher
to walk

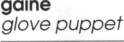
la mare aux canards
duckpond

la margarine
margarine

la marionnette
puppet

la marionnette à gaine
glove puppet

marron
brown

le marteau-pneumatique
pneumatic drill

le masque de plongèe
face mask

le mât
mast

le mât de tente
tent pole

le matelas pneumatique
airbed

la mauvaise herbe
weed

le médicament
medicine

la méduse
jellyfish

le menton
chin

la mer
sea

meugler
to moo

miauler
to mew

le miel
honey

115

la miette
crumb

le mille-pattes
centipede

le miroir
mirror
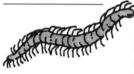

le mollet
calf

le monde
world
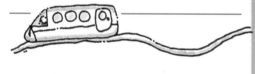

le monorail
monorail

le monstre
monster

les montagnes (f) russes
roller coaster

la montgolfière
hot air balloon

la montre
watch

le morse
walrus

la moto
motorbike

la mouche
fly

le mouchoir
handkerchief

le mouchoir en papier
tissue
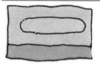

la mouette
seagull

la moufle
mitten

la moustache
moustache

le moustique
mosquito

le mouton
sheep

le mouvement
movement
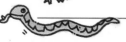

le mur
wall

Nn

la nageoire
fin

nager
to swim

la nappe
tablecloth

la narine
nostril

la neige
snow

le nénuphar
waterlily

le nez
nose

le nichoir
nesting box

le nid
nest

le nœud
bow
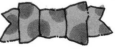

noir/noire
black

la noix de coco
coconut

le nombril
navel

la nourriture
food

la nourriture pour chien
dog food

nouveau/ nouvelle
new

les numéros (m)
numbers

Oo

l'œil (m)
eye

l'œuf (m)
egg

---

les œufs (m) de grenouille
frog spawn

l'ogre (m)
ogre

l'oie (f)
goose

l'oignon (m)
onion

l'oiseau (m)
bird

l'oiseau (m) aquatique
water bird

les oiseaux (m) de jardin
garden birds

l'oison (m)
gosling

onduler
to slither

l'ongle (m)
fingernail

l'orange (f)
orange

orange
orange

---

l'ordinateur (m)
computer

l'oreille (f)
ear

l'oreiller (m)
pillow

l'orteil (m)
toe

l'os (m)
bone

l'ouate (f)
cotton wool

l'ourlet (m)
hem

ouvert/ouverte
open

l'ouvrier-maçon (m)
bricklayer

117

P

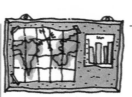

Pp

le paillasson
mat

la paille
straw

le pain
bread

la palme
flipper

la palourde
clam

le panache
plume

la pancarte
notice

le panier
basket

le panier à linge
laundry basket

le panier de pique-nique
picnic basket

le panneau
sign

le panneau d'affichage
pinboard

le pansement
bandage

la pantoufle
slipper

le papier
paper

le papier d'emballage
wrapping paper

le papier hygiénique
toilet paper
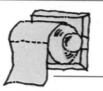

le papillon
butterfly

le papillon de nuit
moth

la pâquerette
daisy

le paquet
packet

le parachute
parachute

la parade
parade

le parapluie
umbrella

le parc
park

le parc d'attractions
amusement park
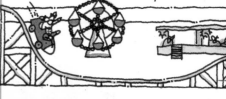

le pare-brise
windscreen

le parking
car park
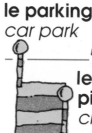

le passage à piétons
crossing

la pataugeoire
paddling pool

patauger
to wade

la pâte à modeler
Plasticine

la patère
peg

le patin à roulettes
roller skate

la patte
paw

la paume
palm

la paupière
eyelid

le pêcheur
angler

la pédale
pedal

la peinture
paint

la peinture
painting

le pélican
pelican

la pelle
spade

---

la pelleteuse
digger

la pelouse
lawn

la pendule
clock

la péniche
canal boat

la pente
slope

pépier
to chirp

le perce-oreille
earwig

le perroquet
parrot

la perruche
budgerigar
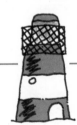

petit/petite
little

petit/petite
short

---

le petit
cub

le petit bateau
toy boat

le petit pois
pea

la petite bête
minibeast

la petite maison
cottage

la petite route
lane

le phare
lighthouse

le phoque
seal

la photographie
photograph

P

le pichet
jug

le pied
foot

la pieuvre
octopus

le pigeon
pigeon

le pinceau
paintbrush

le pique-nique
picnic

le piquet de tente
tent peg

le pirate
pirate

le pissenlit
dandelion

---

la piste de toboggan
toboggan run

le placard
cupboard

la plage
beach

la planche à voile
windsurfer

la planche de surf
surfboard

planer
to glide

le planeur
glider

la plante
plant

la plante
sole

la plaque d'immatriculation
numberplate
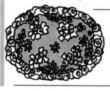

la plate-bande
flower bed

---

pleurer
to cry

plonger
to dive

le plongeur
diver

le pneu
tyre

la poche
pocket

la poêle
frying pan

la poignée de porte
door knob

le poignet
wrist

la poire
pear

le poisson
fish

le poisson-épée
swordfish

la poitrine
chest

le poivre
pepper

la pomme
apple

la pomme de terre
potato

la pompe à essence
petrol pump

le poney
pony

le pont
bridge

le pop-corn
popcorn

le porcelet
piglet

la porcherie
pigsty
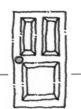

la porte
door

la porte de derrière
back door

le porte-monnaie
purse

le porte-savon
soap dish

le porte-serviettes
towel rail

le porteur
porter

le poste d'essence
petrol station

le pot
jar

le pot à fleurs
flowerpot

le pot
pot

le poteau indicateur
signpost

le poteau télégraphique
telegraph pole

la poubelle
litter bin

le pouce
thumb

le poulailler
hen house

le poulain
foal

la poule
hen

le poulet
chicken

la poupée
doll

pousser des cris aigus
to squeal

la poussette
pushchair

le poussin
chick

le pré
meadow

P

la primevère
primrose

le prince
prince

la princesse
princess

le printemps
spring

le prix
price

le protège-oreilles
ear muffs

les provisions (f)
groceries

la prune
plum

la puce
flea

le pull
jumper

la punaise
drawing pin

le puzzle
jigsaw puzzle

---

le pyjama
pyjamas

Qq

le quai
platform

la queue
tail

la queue
queue

Rr

le radeau
raft

le radiateur
radiator

la radio
radio

la radiographie
x-ray

la raie
ray
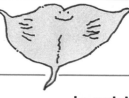

le raisin
grape

---

la rame
oar

le rat
rat

le râteau
rake

le rayon
shelf

la rayure
stripe

le rebord de fenêtre
windowsill

le rectangle
rectangle

le reçu
receipt

la règle
ruler

la reine
queen

la remorque
trailer

le renard
fox

le requin
shark

la réserve d'animaux sauvages
safari park

le réverbère
lamp post

le rhinocéros
rhinoceros

le rideau
curtain

le rideau de douche
shower curtain

rire

rire
to laugh

la rive
riverbank
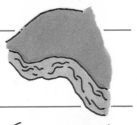

la rivière
river

le riz
rice

la robe
dress

la robe de chambre
dressing gown

la robe-chasuble
pinafore dress

la robe habillée
party dress

le robinet
tap

le rocher
boulder

le roi
king

rose
pink
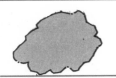

la rose
rose

le roseau
reed

le rotor
rotor

la roue
wheel

rouge
red

le rouleau compresseur
steam roller

le ruban
ribbon

le ruisseau
stream

Ss

le sable
sand

le sac à dos
rucksack

le sac à main
handbag

123

le sac à provisions
shopping bag

le sac de couchage
sleeping bag

le sac en papier
paper bag

le sac en plastique
plastic bag

la saison
season

la salle de bain
bathroom

la salle de séjour
living room

la salopette
dungarees

la sandale
sandal

sauter
to jump

la sauterelle
grasshopper

sautiller
to hop

le savon
soap

le scaphandre autonome
aqualung

le scarabée
beetle

la sciure
sawdust

le seau
bucket

le sel
salt

la selle
saddle

la semi-remorque
articulated lorry

la semi-remorque
low loader
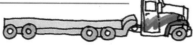

le serpent
snake

le serpentin
streamer

la serviette de bain
bath towel

la serviette de plage
beach towel

la serviette en papier
paper napkin

le shampooing
shampoo

le siège des cabinets
toilet seat

siffler
to hiss

siffler
to whistle

le sifflet en papier
party squeaker

le singe
monkey

le singe
ape

le sirop
squash

124

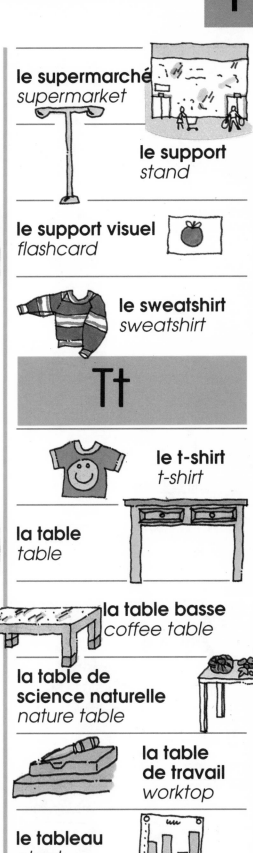

le skateboard
skateboard

le slip
pants

le snack-bar
snack bar

le sommet
top

le son
sound

le sorcier
wizard

la sorcière
witch

la sortie
exit

la souche
tree stump

la soupe
soup

le sourcil
eyebrow

la souris
mouse

les spaghettis (m)
spaghetti

le spectacle de marionettes
puppet show

le spectacle Far West
wild west show

les spectateurs (m)
audience

la sphère
sphere

le stand de tir
rifle range

le stéthoscope
stethoscope

le store
awning

le store
blind

le sucre
sugar

le supermarché
supermarket

le support
stand

le support visuel
flashcard

le sweatshirt
sweatshirt

Tt

le t-shirt
t-shirt

la table
table

la table basse
coffee table

la table de science naturelle
nature table

la table de travail
worktop

le tableau
chart

le tableau noir
blackboard

125

le tabouret
stool
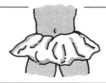

la taille
waist

le talon
heel

le tambour
drum
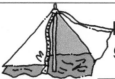

le tapis
carpet

le tapis de sol
groundsheet

la tasse
cup

le taureau
bull

le taxi
taxi

la télécommande
remote control

le téléphérique
cable car

le téléphone
telephone

la télévision
television

le tennis
trainer

le tentacule
tentacle

la tente
tent

la tenue de cowboy
cowboy outfit

la tenue d'infirmière
nurse's outfit

la tenue de médecin
doctor's outfit

le terrain de camping
camp site
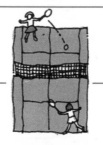

le terrain de tennis
tennis court

la terrasse
terrace

le têtard
tadpole

la tête
head

le Thermos
vacuum flask
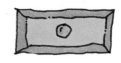

le tigre
tiger

le tiroir
drawer

le toboggan
slide

le toboggan
helter-skelter

la toile d'araignée
spider's web

le toit
roof

la tomate
tomato

la tondeuse
lawnmower

la tortue
tortoise

 la tortue marine
turtle

le tourne-disque
record player

 **le tracteur**
tractor

le train
train

le train électrique
train set

 **le train fantôme**
ghost train

le transat
deckchair

 le treillis métallique
wire netting

le trésor
treasure

 le triangle
triangle

le tricot de corps
vest

 **le tricycle**
tricycle

la tringle à rideau
curtain pole

 **triste**
sad

le triton
newt

la trompe
trunk

le tronc
tree trunk

 trotter
to trot

le trottoir
pavement

 la trousse
pencil case

la trousse de médecin
doctor's bag

 **le tuba**
snorkel

le tube
tube

 le tunnel
tunnel

le tuyau d'arrosage
hose

Vv

la vache
cow

vagir
to squeak

la vague
wave

le vaisseau spatial
spacecraft

le vase
vase

le veau
calf

le vélo
bicycle

V

le ventilateur
fan

la ventouse
sucker
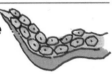

le ver
worm

le verger
orchard

vert/verte
green

les vêtements (m)
clothes

les vêtements (m) de poupée
doll's clothes

la viande hachée
mince

**vieux/
vieille**
old

le village
village

la ville
town

le vinaigre
vinegar

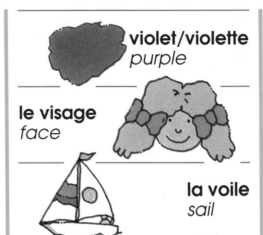
violet/violette
purple

le visage
face

la voile
sail

le voilier
sailing boat

la voiture
car

la voiture à pédales
pedal car

la voiture de pompiers
fire engine

le volant
steering wheel

voltiger
to hover

le voyage
travelling

Ww

le wagon
carriage

le wallaby
wallaby

Xx

le xylophone
xylophone

Yy

le yacht
yacht

le yo-yo
yo-yo

Zz

le zèbre
zebra

128